Estimados, Padres y Maestros,

El propósito de la serie **Bios for Kids** es divertir,
informar, y mejorar las habilidades de lectura de los
estudiantes. Se ha dado atención especial en el diseño
de todos los libros.

Cada libro está dividido en dos secciones de entre
quinientas y setecientas palabras con cinco preguntas
acerca de cada sección. Estas secciones y preguntas son
como las de la mayoría de los exámenes estandarizados.

La adición de fechas biográficas importantes, un mapa
y un glosario, **Bios for Kids** amplifica la base de
conocimiento y permite que el lector aumente sus
capacidades. Se pueden comprar hojas de aptitudes por
medio de Panda Publishing, o maestros y padres
pueden crearlas para ayudar este aprendizaje.

Esperamos que Uds. lean estas biografías con el
mismo gusto del que hemos experimentado en su
creación y desenvolvimiento.

Panda Publishing™

Panda Publishing LLC
P.O. Box 670608
Dallas, Texas 75367-0608
www.biosforkids.com

Primera edición 2003

Impreso en China
ISBN 0-9740180-3-1 (hardcover)
ISBN 0-9740180-4-X (softcover)

Para informes llame 1-800-807-1776 o escriba info@biosforkids.com

Informes de publicación

Weber, Terri Smith
        Jennifer López: realizando los sueños / Terri Smith Weber
        p. cm. – (Bios for Kids)
        Incluye prueba, mapa, glosario.
        Resumen: Biografía de la cantante y actriz Jennifer López.
        ISBN 0-9740180-3-1 (hardcover) ISBN 0-9740180-4-X (softcover)
        1. López, Jennifer, 1970- Juvenile literature. 2. Actress - United States - Biography -
        Juvenile literature. 3. Singer - United States - Biography Literature [1. López, Jennifer,
        1970- 2. Actress. 3. Singer.]
        I. Title II. Series

791.43'028'092

                                                                        2003108373
        [B]   CIP

Bios for Kids

Jennifer López

Realizando Los Sueños

Escrito por Terri Smith Weber

Panda Publishing™

Cuando son pequeñas,

muchas niñas sueñan en ser actriz, bailarina o cantante. Jennifer López deseaba ser las tres. Ella nació el 24 de julio de 1970, en un área de Nueva York llamada el Bronx. Su mamá, Guadalupe, era maestra de kinder y su papá, David, trabajaba como especialista de operaciones en computadora. Junto con sus dos hermanas, Jennifer fue motivada por sus padres para que observara programas musicales e imitara lo que veía en la sala de su casa. A Jennifer le encantaba hacer sus propias imitaciones al frente de su familia. A la edad de cinco años, ella empezó a tomar clases de canto y de baile. Jennifer también vio en más de cien ocasiones, el musical *West Side Story*. Rita Moreno, una actriz **latina**, desempeñó el papel **principal** en esta película musical.

Rita Moreno se destacó en las tres áreas principales del musical: cantar, bailar y actuar. El deseo de Jennifer era de seguir los pasos de Rita tratando de imitar lo que ella hacía.

Jennifer se crió en Castle Hill, una sección del Bronx. Se caracterizaba por ser muy activa y participaba en muchas actividades en la escuela, tales como en los dramas y en los musicales. Jennifer también era atleta y participaba en competencias de pista y campo, sóftbol y tenis. Jennifer se graduó de la escuela secundaria en 1987, y fue en ese momento que tuvo que tomar una decisión.

¡Sus prop

Ella deseaba seguir su sueño de ser actriz, pero sus padres tenían otros planes para ella. Ellos querían que Jennifer continuara su educación y que fuera abogada. Jennifer decidió hacer ambas cosas. Ella asistió a la universidad durante el día y tomó clases de baile en las noches. Después de un semestre, Jennifer sintió que su ánimo no estaba en los estudios universitarios. Se dio cuenta de que no tenía ni las ganas ni el entusiamo para los estudios universitarios. Ella quería dedicar todo su tiempo y energía para ser bailarina. Sus padres se quedaron decepcionados al saber que ella no iba a continuar estudiando en la universidad. Sin embargo, Jennifer sabía que ella tenía que seguir su alma.

¿Es difícil ser estrella?

La única desventaja es la pérdida de privacidad.

os sueños!

¿Cómo te mantienes en forma?
Bailo mucho.

¿Qué haces para descansar?
Meditar

Sueños de s

4

En los últimos meses de 1980, Jennifer continuó tomando clases de baile. Ella comenzó a hacer **audiciones** para musicales y consiguió varios trabajos donde bailaba. Jennifer se unió a la jira musical europea *Golden Musicals of Broadway*, y a la jira musical en Japón, con la producción de *Synchronicity*. También bailó en muchos videos musicales. A pesar de que Jennifer estaba trabajando, la paga era poca y ella no tenía suficiente dinero para cubrir sus gastos. Ella no se rindió y en 1991 consiguió su primera **oportunidad** grande. Jennifer fue elegida para ser bailarina en el programa de Fox-TV, *In Living Color*. A los 21 años, se mudó de Nueva York a Los Ángeles donde se grababa *In Living Color*. Jennifer bailó en el programa por dos temporadas. Los días libres, ella tomó clases de actuación. Su trabajo fuerte le fue recompensado cuando ella logró desempeñar papeles importantes en los programas de televisión *South Central* y *Second Chances*. Jennifer ahora se había hecho bailarina y actriz.

er bailarina.

Con unos créditos universitarios en actuación Jennifer hizo su **resumen**. Jennifer estaba lista para hacer películas de cine. Ella hizo muchas audiciones y tomó parte en las películas *My Family*, *Money Train*, *Jack*, *Blood and Wine* y *Anaconda*. Cada película le ayudó a conseguir más visibilidad. En 1996, Jennifer hizo una audición y logró desempeñar el papel que cambiaría su vida. Ella haría el papel de la cantante Selena, la estrella **tejana**.

Sueños de

Por aceptar esta parte en la película, Jennifer se convirtió en la actriz latina mejor pagada en la historia de todas las actrices. Le pagaron un millón de dólares por su participación en esta película. Cuando la película *Selena* salió en los teatros, la popularidad de Jennifer aumentó muchísimo. Las revistas querían entrevistarla, los programas de comentarios de televisión querían que ella hiciera compromisos con ellos y las compañías disqueras querían que ella firmara contratos con ellos. Ahora, ¡Jennifer era la estrella más nueva de Hollywood!

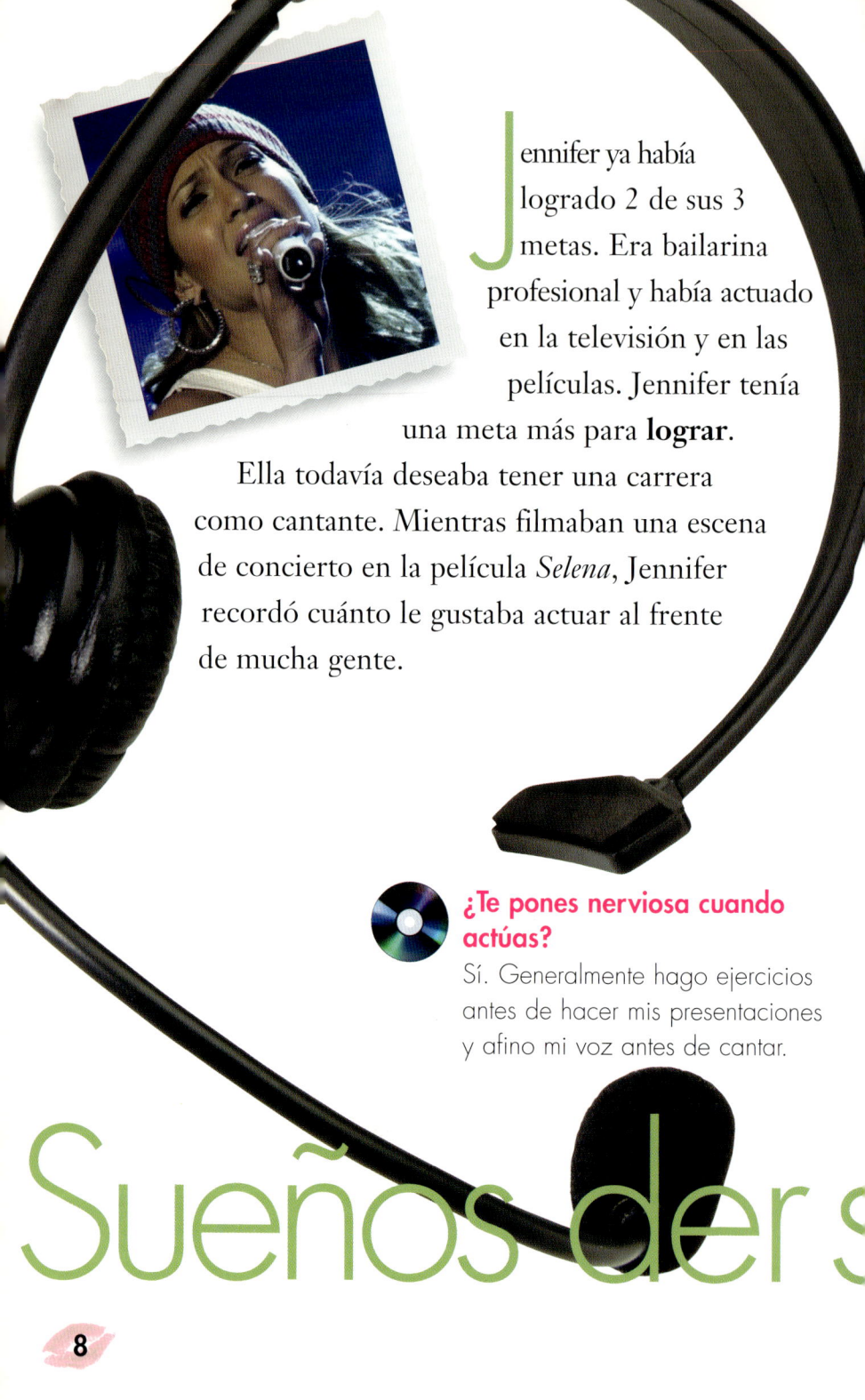

Jennifer ya había logrado 2 de sus 3 metas. Era bailarina profesional y había actuado en la televisión y en las películas. Jennifer tenía una meta más para **lograr**. Ella todavía deseaba tener una carrera como cantante. Mientras filmaban una escena de concierto en la película *Selena*, Jennifer recordó cuánto le gustaba actuar al frente de mucha gente.

¿Te pones nerviosa cuando actúas?

Sí. Generalmente hago ejercicios antes de hacer mis presentaciones y afino mi voz antes de cantar.

Sueños der s

Le encantaba tener la **reacción inmediata** del público. Cuando tuvo una pausa en 1998, Jennifer decidió que éste era el momento para comenzar a trabajar en su carrera musical.

Jennifer envió una grabación **demostrativa** a la compañía de música llamada Sony. A los **ejecutivos** les gustaron lo que oyeron y le ofrecieron un contrato de grabación inmediatamente. Durante los años 1998 hasta 1999, Jennifer escribió canciones y dedicó mucho tiempo en el estudio de grabación.

er cantante.

Su primer álbum, *On the 6*, era una combinación de varios estilos musicales. El primero de junio de 1999, el álbum fue estrenado y Jennifer logró su tercera meta. Ahora, ¡Ella era una cantante profesional!

El título del primer álbum de Jennifer, *On the 6*, fue **inspirado** por el tren número 6 en el que ella viajaba desde el Bronx a Manhattan (una parte de la ciudad de Nueva York muy diferente que la suya). Allí ella asistía a las clases de baile. El tren la habia llevado donde sus sueños fueron realizados y ella esperaba que su nuevo álbum cumpliera su sueño de convertirse en una estrella de la grabación.

Sueños de se

¿Cuál fue el papel de actuación más memorable que has tenido?
Selena.

El primer solo del álbum, "If You Had My Love," logró ser un éxito inmediato. Por un espacio de cinco semanas, la canción estuvo en la lista de las primeras 100 canciones más solicitadas de la cartelera. Las ventas del álbum fueron lentas al principio, pero 10 meses después de su estreno, alcanzó el nivel de platino doble. El éxito de Jennifer como cantante, le trajo premios en la industria de la música. En 1999, ella ganó el Premio Juvenil de la Canción del Verano, con la canción "If You Had My Love" y en 2000, Jennifer ganó el Premio Musical de MTV por el Mejor Video de Baile.

estrella

J.Lo

Jennifer estuvo muy ocupada en 2001. Ese año, ella estrenó su segundo álbum, *J. Lo.* Rápido llegó al #1 en la cartelera en los Estados Unidos y en Canadá. Jennifer fue la empresaria ejecutiva del álbum y ella participó en todos aspectos de su producción. Ella también colaboró en escribir muchas de las canciones del álbum. A Jennifer le encantaba el proceso de escribir las canciones y dijo que a veces la letra le venía a su mente muy fácilmente. Pero en otras ocasiones le tomaba meses para conseguir las palabras correctas.

Jennifer también hizo el papel principal en una película que tuvo éxito en 2001. *The Wedding Planner* fue su primera comedia romántica. Jennifer dijo que ella no estaba segura si pudiera hacer una comedia. Sin embargo, al leer el libreto, no pudo rechazar la participación en la película. Jennifer es una verdadera joven romántica y ama todo lo que tiene que ver con el romance.

Jennifer ha demostrado a través de los años, que ella puede cantar, bailar, y actuar. En 2001, puso su energía creativa en un nuevo campo, el diseño de ropa. *J. Lo*, la línea nueva de ropa de Jennifer, fue creada para mujeres jóvenes y refleja lo que a ella le gusta llevar. Jennifer se mantiene muy activa en el proceso creativo.

¿Por qué comenzaste tu propia línea de ropa?

¡Me encanta la ropa! Tener mi propia línea de ropa es un sueño hecho en realidad.

La moda y

Ella se reune con el grupo de diseñadores cada temporada para discutir su visión de cómo la ropa debe parecerse. Ella también pone su sello de aprobación en cada pieza de ropa que lleva su nombre. Con el éxito de *J. Lo*, Jennifer amplió la línea de ropa para incluir ropa para niños pequeños y jovencitas. También agregó trajes de baño, accesorios y una nueva fragancia llamada *Glow*. Ambos, *J. Lo* y *Glow*, se pueden comprar en muchas tiendas y son las favoritas de muchas jóvenes.

a fragancia.

15

En 2002, Jennifer no descansó. Ella hizo el papel principal en *Maid in Manhattan*, una comedia romántica, la cual se convirtió en #1 en la cartelera. La película fue filmada en la ciudad de Nueva York. Durante el primer día del rodaje de filmación, muchos fotógrafos, al igual que niños de las escuelas locales, vinieron al lugar de filmación. El gentío hizo tanto ruido que tuvieron que parar de filmar la película. Al día siguiente tuvieron que aumentar la seguridad y se pudo continuar filmando la película. A Jennifer le encantan sus fanáticos, pero toma su trabajo muy en serio.

Jenny de

El tercer álbum de Jennifer, *This is Me…Then*, también estrenó en 2002. El primer solo, "Jenny From The Bronx" fue un **tributo** a la niñez de Jennifer. Aunque ella ha viajado por todo el mundo, Jennifer nunca se ha olvidado dónde comenzó todo.

¿Deseas tener hijos?
¡Sí, me encantaría tener hijos!

Bronx.

17

Jennifer pasó los primeros 18 años en el Bronx. Aunque ella ya no vive allí, ella 10 considera su hogar y lo muestra dándole su apoyo a un equipo de fútbol de niñas. Apoyar los sueños y los deseos de muchachas jóvenes es algo que le hace sentirse muy feliz.

De joven, Jennifer tenía muchos sueños. La mayoría de esos sueños se han convertido en realidad.

El apoyo a los

¿Qué haces para divertirte?
Me gusta descansar en casa. Estoy en la calle tanto, que el estar en casa es divertido para mí.

Muchas personas describen a Jennifer de diferentes maneras, pero ella lo dice mejor de esta forma: "Siempre me he considerado solamente una artista que se expresa en diferentes maneras y eso sucede a través del canto, del baile, del actuar y del diseñar ropa de vestir. Estas son todas las cosas diferentes que me encantan hacer."

¡Jennifer ha probado a través de los años, que con determinación y trabajo fuerte, los sueños se realizan!

sueños de otros.

Datos Biográphicos.

1970
Nació en la ciudad de New York

1987
Se graduó de la escuela secundaria o superior

1991
Bailó en el programa de Fox-TV, *In Living Color*

1996
Representó a Selena en la película *Selena*

1999
Estrenó su primer álbum, *On the 6*

Ganó el Premio Juvenil de la Canción del Verano

2000
Ganó el Premio Musical de MTV por el Mejor Video de Baile

2001
Estrenó el segundo álbum, *J.Lo*

Hizo el papel principal en la película *The Wedding Planner*

Introdujo la línea de ropa, *J.Lo*

2002
Hizo el papel principal en la película *Maid in Manhattan*

Estrenó el tercer álbum, *This Is Me...Then*

Les sugerimos buscar las respuestas correctos en la lectura.

Prueba.

Páginas 1-10 (el número de palabras: 675)

1. ¿Cuál de los siguientes es verdad?

a. Rita Moreno era una gran actriz.
b. A Jennifer le gustaba bailar en videos musicales.
c. A los 21 años, Jennifer se mudó de Nueva York a Los Ángeles.
d. Jennifer pensó que ser abogada sería difícil.

2. El lector puede concluir que como Jennifer tomó clases de actriz ella podía

a. aparecer en revistas.
b. Ganar mucho dinero.
c. asistir a la universidad
d. obtener papeles en *South Central* y *Second Chances*

3. En la página 5, la palabra **oportunidad** significa

a. ocasión.
b. circunstancia.
c. viene al aviso público, se convierte en un conocido.
d. conveniencia.

4. La idea principal en la página 6 es

a. Jennifer actuó en muchas películas, pero su papel en la película *Selena* cambió su vida.
b. Jennifer era la estrella latina mejor pagada.
c. Jennifer apareció en revistas y en programas de comentarios.
d. La popularidad de Jennifer aumentó en Hollywood.

5. Complete el espacio en blanco. Jennifer nació el 25 de julio de 1970. Ella hizo sus propias imitaciones en la sala de su casa. _____ Ella vio *West Side Story* en mas de cien ocasiones.

a. Ella empezó a tomar clases de canto y baile a los 5 años.
b. Ella corría pista y campo.
c. Sus padres querían que ella fuera una abogada.
d. Ella fue en una jira musical al Japón.

6. Jennifer probablemente
a. actuará solamente en películas.
b. continuará cantando, bailando, actuando y diseñando ropa.
c. diseñará ropa para hombres.
d. dejará de trabajar y se quedará en casa.

7. ¿Cuál de los siguientes es un resumen de la página 11?
a. El primer álbum de Jennifer, *On the 6*, tuvo un comienzo lento, alcanzó el nivel de platino doble y ganó dos premios musicales.
b. *On the 6*, fue inspirado por el tren No. 6 en el que Jennifer viajaba para tomar clases de baile.
c. "If You Had My Love" fue el primer solo del álbum *On the 6*.
d. El sueño de Jennifer era en convertirse en una estrella de la grabación.

8. Jennifer estuvo ocupada en 2001 porque ella
a. estaba diseñando ropa.
b. estaba haciendo entrevistas en la TV.
c. estaba promoviendo su álbum.
d. estrenó su segundo álbum y desempeñó el papel principal en la película *The Wedding Planner*.

9. Como la línea de ropa de Jennifer, J.Lo, tuvo éxito, ella
a. comenzó a diseñar zapatos.
b. amplió la línea para incluir ropa para hombres.
c. amplió la línea para incluir ropa para niños pequeños y jovencitas.
d. solamente vendió su ropa a otras estrellas.

10. Jennifer apoya a un equipo de niñas de
a. fútbol/balonpié.
b. softbol.
c. pista y campo.
d. tenis.

22

El Mapa.

Olympia
Salem
Helena
Bismarck
Boise
Pierre
St. Paul
Madison
Lansing
Carson City
Salt Lake City
Sacramento
Cheyenne
Harrisburg Trenton
Denver
Columbus Annapolis
Dover
Lincoln
Indianapolis
Washington D. C.
Topeka
Springfield
Charleston
Jefferson City
Frankfort
Richmond
Santa Fe
Raleigh
Phoenix
Oklahoma City
Nashville
Little Rock
Atlanta Columbia
Jackson
Montgomery
Austin Baton Rouge
Tallahassee
Des Moines
Augusta
Montpelier
Concord
Albany Boston
Providence
Hartford

1 Los Angeles, California

2 Bronx, New York

CLAVE

⬤ Las ciudades donde vivió Jenny

▮ El agua

★ Las capitales estatales

| 0 | 300 | 600 |

Una pulgada iguala aproximadamente 600 millas.

Glosario.

audiciones   sesiones de prueba de un artista

demostrativa   muestra de una grabación musical para que otro lo evalúe

ejecutivo   una persona que maneja o dirige un negocio

inspirar   influir, causar

latina   una persona de origen latinoamericano que vive en los Estados Unidos

principal   primero en importancia, esencial, grandioso

reacción inmediata   dejar saber a otro instantaneamente

resumé   el resumen de logros

seguir   buscar con afán, ir en persecución

tejano   del estado de Texas

tributo   algo hecho para expresar respeto o dar gracias

La autora, **Terri Smith Weber** vive en Fort Worth, Texas con su esposo y sus dos hijos. Se graduó de la Universidad de Texas en Austin con una especialización en la educación en 1985. Recibió la maestría en bibliotecariá y las ciencias informáticas de la Universidad de North Texas en Denton en 1997.

Edición de: Lisa Pilgrim
Diseño de: H. DeWitte
Créditos para fotografías de tapa y dentro del libro a: AP/Wide World Photos
Adaptación al español de: Anita Constantino
Edición de: Edith Dulles-Lawlis

Respuestas de **La prueba: 1. c, 2. d, 3. c, 4. a, 5. a, 6. b, 7. a, 8. d, 9. c, 10. a**